AF130192

VER-
ÄSTELTER
SINN

Bibliografische Information der Deutschen Nationalbibliothek:
Die Deutsche Nationalbibliothek verzeichnet diese Publikation
in der Deutschen Nationalbibliografie; detaillierte bibliografische
Daten sind im Internet über http://dnb.d-nb.de abrufbar.

www.sternenblick.org
kontakt@sternenblick.org

Herausgeberinnen:
Stephanie Mattner & Heike Puls

Cover- & Buchgestaltung:
Stephanie Mattner

Rechte der Abbildungen im Buch & auf dem Cover:
© Eduardo Rodríguez Calzado
(S. 21, 36, 43, 66, 76/77, 95, 120, 136, 160/161)
www.eduardorodriguezcalzado.com

Rechte der Grafiken im Buch:
© Afishka (S. 1 und 172)
© FleurDesign (S. 3 und 165)
© Morphart Creation (S. 7 und 11)
© Smilypixel (S. 59)
© Enliven Designs (S. 91 und 127)

Herstellung und Verlag:
BoD - Books on Demand, Norderstedt

ISBN: 978-3-7357-4135-6

Bäume sind Gedichte,
die die Erde
in den Himmel schreibt.

Khalil Gibran

VORWORT

Vor Kurzem begab ich mich auf eine Reise aufs Land. Im Gepäck das Manuskript dieser Anthologie.

Im September, wenn die Tage kühl beginnen, die Mittagssonne zum Träumen auf den Wiesen einlädt und der Abend die Palette von Rottönen großzügig am Horizont verteilt, bin ich am liebsten unterwegs.

Ich lag auf einer Wiese mit weitem Blick über die Landschaft. Um mich herum war es recht still (Bienensummen und Käferflügelschläge ausgenommen). In einiger Entfernung standen Weiden auf einer verwaisten Viehweide. Es waren Kopfweiden. Mit zugekniffenem Auge sahen sie wie buckelige Riesen mit einem Struwwelpeter Kopf aus. Lustig, dachte ich und sah nach den Vögeln am Himmel (wahrscheinlich flogen dort Raben) und ja, ich fing dann auch zu lesen an.

Plötzlich, mittendrin in einem Vers machte mein Gehirn einen Sprung, ließ mich aufstehen und fragend über das Land blicken. Gibt es eine poetische Landschaft, einen Dichter-Wald?

Diese Anthologie liest sich, wie eine Landschaft, bestehend aus unzähligen Arten von Bäumen. Wie wäre es, wenn diese 126 „Bäume" jetzt hier stehen? Nicht stumm, nein, selbst erzählend, wurzelnd. Flüsternd oder laut, wehmütig oder kichernd. Die Vorstellung, in diesem Wald der Poesie zu wandeln ließ mich vor Freude taumeln:

Bäume umarmen, Gedanken wie reife Früchte vom Geäst sammeln, die Muster der Baumrinden zeichnen oder Borkenkäfer zählen oder still liegen und vor sich hin lauschen – so viele Möglichkeiten...
In meiner Hand, lag er, der Zauber. In meiner Hand der Zauber eines dichten Dichter-Wäldchens.

Ich bin wieder zurück. Zurück in der Stadt. Kaum ein freier Blick ist möglich und doch, es gibt sie, die Plätze zum Innehalten und Entdecken der naturellen wie poetischen Landschaft.

In diesem verästelten Sinn(e), vielen Dank an alle Teilnehmer und Teinehmerinnen der Ausschreibung, an alle Lese-, Natur- und Poesie-Freunde, an den wundervollen Künstler Eduardo Rodríguez Calzado, der uns seine fast schon poetischen Kunstwerke für das Cover und die Ausschmückung des Buchinneren zur Verfügung gestellt hat. Ein Dank geht auch an das Engagement des Vereins SternenBlick, der nun schon in seiner sechzehnten Anthologie zeitgenössischen Poeten und Autoren die Gelegenheit gibt, ihre kreativen Gedanken zu besonderen Themen zu teilen. Auch meiner Mitherausgeberin Stephanie Mattner danke ich für die Zusammenarbeit und die detailverliebte Umsetzung unserer Liebeserklärung an die Bäume in „Verästelter Sinn". Ich wünsche nun ein inspiriertes Schlendern durch unseren Wald der Poesie...

JAHRES-
ZEITEN

Ulrich Stahr

MEIN FREUND – MEIN BAUM

Ich seh' ihn wachsen, meinen Baum,
erst winzig und zu sehen kaum,
dann – in den Jahren immer mehr –
kommt bald er hoch und stolz daher!

Im Frühling sprießen seine Blätter,
so schnell dann aufgrünend, als hätt' er
Eile beim sich Neuentfalten
und Zeigen der Naturgewalten.

Bald steht er vollbelaubt und groß,
ein Vogelnest in seinem Schoß,
in dem, von beiden gut behütet,
ein Amselpaar den Nachwuchs brütet.

Den Sommer lang – ein Augenschmaus! –
hält Wind und Wetter brav er aus,
verbeugt sich tief nur bei Orkan
und trotzend aller Zeiten Zahn!

Im Herbst erfreut er Menschen-Blicke,
wenn – durch des Jahreslaufs Geschicke –
die Blätter bunt sich färben dann,
woran man kaum sich satt seh'n kann.

Diese Pracht ist nicht von Dauer:
Sturmwind und auch Regenschauer
greifen ihn an mit Stößen prall,
freuend sich sehr am Blätterfall!

Im Winter kahl, doch hoch und fest
streckt sich zum Himmel sein Geäst,

die Sicht weit gebend völlig frei
durch es hindurch – bis nächsten Mai!

Doch wenn mein Baum so ragte da,
ich immer mit Erstaunen sah:
Es blieb ihm noch *ein* welkes Blatt,
das fest sich angeschmiegt ihm hat.

Es hielt den ganzen Winter treu
zum Baum – und als im Frühjahr neu
die Knospen schwellen, Blätter wehen,
ist Zeichen es vom Neu-Vergehen,

vom Auf und Ab in der Natur;
doch sichtbar stets bei Bäumen nur,
bei Blumen, Gräsern, Flur und Wald,
belebt durch Frühlings-Odem bald.

Es wäre schön, könnt' es geben
Gleiches für das Menschenleben!
War endgültiges Vergehen
bei der Schöpfung ein Versehen?

Silvia Kempen

SEIDENGRÜN

tief verwurzelt
im Heimatboden
die Arme
der Sonne entgegen
strecken

für den Frühling
in Seide gehüllt
und auch
blütengeschmückt
in den Wind
geströmt

glitzert
an manchem Sommerabend
das Taftkleid
grüngesättigt

dem Herbst
sich anzupassen
ein Garderobenwechsel
und
die Kinder
ins Leben entlassen
ihren Weg zu finden

jeder für sich
weißbepelzt oder
diamantenbestückt
dem Winter präsentiert
und
in Eiseskälte
wohl wissend
warten

auf die Frühlingssonne
wieder hervorzuholen
Jahr für Jahr
Jahrhunderte
frisches Seidengrün
aus ihren Knospen
– die Eiche

Pitt Büerken

BAUMLEBEN
(Haiku-Sequenz)

Streuobstwiese
in voller Blütenpracht
die Bienen summen

Asthöhle
aus einem Loch mehrstimmig
Vogelgezwitscher

unterm Apfelbaum
die Früchte kriegen
rote Bäckchen

im Walnussbaum
tollen die Eichhörnchen
bald ist Erntezeit

200 Jahre
der Stamm hohl und abgestützt
es wird Winter

auf dem Baumstumpf
leuchten prächtige Pilze
Hauch von Ewigkeit

Matilda Crnkovic

BONSAI

Blühender Bonsai
Frühlingsblütenliebe
im Sommer trägst du Holzäpfel
im Herbst Fischgrätenparkett
im kalten Winter
feuere ich den Ofen mit deinem Stamm

im baumohr
ein vogelnest gepolstert
mit katzenhaar

Gisbert Amm

Marina Maggio

MAGNOLIEN

Unterm Magnolienbaum,
wartend, dass sich die ersten
Knospen öffnen.

Entlang der Zweige dann...
Morsezeichen einer Honigbiene.

Eine leise Antwort in Zeitraffern...
endlich.

Eine Magnolie formt sich zur Blüte.

Dagmar Finger
FRÜHLINGSGEFÜHLE

Wenn sich im Wald das golden Licht,
der Sonne durch die Zweige bricht.
Wenn Strahlen dann zur Erde zeigen
und Schmetterlinge tanzen Reigen.
Dann spürst auch du, im Hier und Jetzt,
dass du ein Teil vom Ganzen bist.

Du fühlst dich stark, bist doch nur klein.
Siehst in dem Licht dein eigenes Sein.
Spürst Wärme, die zum Herzen geht
und wie ein Hauch, dich sanft umweht.
Im frischen Grün der Frühlingsbäume,
erwachen neu auch deine Träume.

Tim Schaller

FRÜHLINGSERWACHEN

Ein Vogel genanntes Federvieh
weckt mich in der Früh'
mit gesanglicher Onanie.
Ich liege im Staub.
Um mich herum Laub.
Um meine Zehen
seh' ich Blätter wehen.
Das Schienbein
dekoriert mit Gestein.
Ich finde
auf meinem Knie Rinde.
Oberhalb des Knies
etwas Kies.
Darüber auf den Waden
Maden.
Auf meinem Bauch
liegt etwas Strauch.
Meine Brüste
streicheln Eicheln.
Auf den Armen
verweilen Buchensamen.
Auf den Schulterblättern
höre ich Asseln klettern.
Auf dem Gesicht –
weiß ich nicht,
sehe ich ja nicht.
Auf der Stirn
Photosynthesen-Wesen.
In den Haaren
Ameisenscharen.
Um mich herum der Giersch
und Exkremente vom Hirsch.
Als mich dann auch noch Zapfen trafen,
war mir klar:
Ich habe im Wald geschlafen.

Petra Friedel

DER FRIEDER WIEDER!

Nicht lange mehr, dann blüht er wieder,
in rosa, lila, blau und weiß.
Grad dort, wo Julchen mit dem Frieder
anbandelte. Er sang ihr Lieder
so innig, oh, wie wurd' ihr Mieder
da eng, wie klopft' das Herz ihr heiß!
Nicht lange mehr, dann blüht er wieder:
in rosa, lila, blau und weiß.

Das Jahr verging – und wenn ihr fragt:
Auch heuer blüht in Bälde wieder
was unser Julchen schmerzlich plagt,
was ihr an Herz und Seele nagt!
Kein Frieder da, der nach ihr fragt!
Er singt nicht mehr, er kommt nicht wieder!
Ach, hätt' sie es nur nicht gewagt,
wär' sie gewesen zickig, bieder,

mit diesem fiesen Sänger Frieder,
der nichts von Ehr' und Treue weiß!
Warum ließ sie mit ihm sich nieder,
warum sang grad er ihr Lieder
inmitten diesem Duft von Flieder!
(Watt für'n Dilemma, watt für'n Sch...)
Nicht lange mehr, dann blüht er wieder:
in rosa, lila, blau und weiß.

K. Bruell

JAPANISCHE KIRSCHBLÜTE

Unglaublich, was im Park geschieht,
denn fast über Nacht sind mehrere Bäume
zu einem Baum zusammengeblüht!
Welch verschwenderischer Traum!
Ausgefüllt ist jeder Zwischenraum.

In sich versponnen, ätherisch leicht,
scheinen die rosa Blüten zu schweben.
– Wie eine Wolke vielleicht,
die man niemals erreicht...
und doch ganz nah zu erleben.

Dagmar Scherf
AN DIE BÄUME IM APRIL

Jedes Jahr, wenn ihr
werdet,
wenn euer Kleid noch
durchscheinend ist,
ein zart verschleierter Scherenschnitt,
grün-grau getupft,
wie von Impressionisten gemalt,

wenn ihr schwebt
zwischen Nichtsein
und Sein,
Nichtmehr
und Noch nicht –

Dann halten meine Augen den Atem an,
dann bitte ich euch:
Bleibt so,
möglichst lange
mitten im Werden
bleibt!

Sein
oder Nichtsein
sind ungeflügelte Zustände.
Aber ihr, jetzt im April,
wie ihr hingetupft schwebt
dazwischen!

Blütenüberladen
singt der Mirabellenbaum
summende Lieder

Miriam Schmiechen

Sigrid Sopart

TANZ DER BÄUME

Ich blicke in Grün
helles Maigrün
ein Meer von wogenden Zweigen
zitternden Blättern,
der Wind erfasst sie und sie folgen ihm
ob freiwillig oder gezwungen –
ich weiß es nicht.
Ich sehe nur den Tanz,
eine vollkommene Choreografie.

Franziska Bauer

Mein Quittenbaum im Mai

Und wieder blüht mein Quittenbaum
in unschuldsvoller Pracht.
Es hat den weißen Blütentraum
der Mai hervorgebracht.

Ob dann, was mir der Lenz verspricht,
der Herbst zu geben mag?
So viele Früchte bringt wohl nicht
mein Baum am Ernte-Tag!

Doch schon sein Blühen wird zum Fest,
der Baum ist reiche Zier.
Selbst wenn im Herbst er missen lässt,
was er verheißen mir.

* Erstveröffentlichung in „Auf des Windes Schwingen"
(Apollon Tempel Verlag, 2019)

Simon Bernart

VÖGEL ZWITSCHERN

Vögel zwitschern.
Versonnen liege ich auf der Wiese,
geschlossen die Augen und fühle
zartes Streicheln auf meiner Haut.
Lange ist das her.
Am Abend rösten wir
Maroni dieser Wanderung, stecken
manche in den toten Blumenkasten.
Vögel zwitschern.
Noch immer träume ich im Gras,
geschlossen die Augen und fühle,
ob du es bist, ob zarte Brise.
Lange noch?
Öffne ich meine Sinne,
wandert die Sonne durch die hohe
Esskastanie, während die Kinder lachen.
Vögel zwitschern.

Weiß Sommerflieder
Tagpfauenauge trinkt
Nektar – wogt im Wind

Hildegard Korsten

Jürgen Polinske

MITTAGSSCHLAF

Im Schatten der Magnolie sind Träume grün
Die Enkel freuen sich im Freien schlafen zu dürfen
Sie lächeln mit geschlossenen Augen
Oma wacht über den Buchrand hinweg
Träume sind wie Schatten der Magnolie grün

Raven E. Dietzel

MIMAJORA

Tage, die in Worten gipfeln...
Über grünen Ahornwipfeln
spannt der blaue Himmel sich
blank und unerschütterlich.

Unter den Bäumen, wohin die Sonne nicht kann
und die Hitze aufhört zu wüten,
liegen wir und schauen uns nicht an.
Wie welke Blätter und Blüten
berühren wir seenasse Haut.
Über das Wasser hallt laut
Vogelruf und Menschenschrei.
Unseren Teil tragen wir schweigend bei.

Mücken, verloren in Spinnennetzen,
glitzern zwischen den Zweigen.
Tage wie Gedankenfetzen,
die sich in Worten neigen...

Eusebius van den Boom

WUNDEN

ein Herz
in der Baumrinde
eingeritzt
vor Dekaden
nur das
ist mir geblieben
Zeugen
waren einzig die Grillen
zirpend
im hohen Gras
und der laue
Sommerwind
als wir uns auf ewig
verschworen
gegen den Rest der Welt
tränennass
folgt mein Finger heute
zögernd
den narbigen Wülsten
die Buche
hat es klaglos überstanden

Jaël Lohri

VERDICHTETES WOHNEN

Im lichtgesprenkelten Garten
winden sich Kinder aus dem Baumhaus
die Blätter der Trauerweide wispern
während ich auf der Bank im Schatten
vertieft in ein dahinplätscherndes Buch
offene Türen und Fenster Gelächter ein Wind
rupft am Vorhang verzieht die Tonleiter
Klavier um die Ecke dahingespielt quietschen
Bremsen Schritte im Kies ein Hallo verschluckt
vom Dunkel des Hauseingangs die Wasserspülung
im Hof duftet es nach Sonnenlicht und Waschpulver
ein Flugzeug dröhnt tief Richtung Landebahn
und dann – einen halben Moment – ist es
still

Goldgelb die Birke
im letzten Licht der Sonne.
Noch tanzen Mücken...

Silvia Kempen

Patricia Strunk

DIE EBENE AUS GRAS UND WIND
(Wanderungen II/ Das Falchen)

Ein gewundener Waldweg.
Die Luft trägt den Duft
von Harz, Pilzen, feuchter Erde.
Finken fliegen auf,
als ich vorbeigehe.
Die Bäume öffnen sich.
Ein Tor aus Buchen.
Dahinter eine Ebene –
Wiesen, trockene Gräser, leere Felder.
Baumbestandene Senken als
scharf umrissene Inseln im Grasmeer.

Ich kann keinen Boden erkennen.
Die Bäume wurzeln am Hang.
Weiter hinunter ...
Während ich in den
laubverhüllten Abgrund schaue,
kommt mir die Geschichte
von Alice im Wunderland in den Sinn.
Neben mir ein Rascheln.
Neugierig drehe ich mich um –
es ist nur eine Feldmaus,
die rasch im hohen Gras entschwindet.

Unvermutet reißt der Himmel auf.
Die sanften Strahlen
der Nachmittagssonne
enthüllen unbelaubte Zweige –
bizarre Kunstwerke
in Violett und Silber.
Flammendes Laub

vor einer drohenden Wolkenwand.
Eine Ahnung von Regen,
der nicht kommen wird.

Zu meiner Linken
hat sich die Erde gefaltet –
Schützengräben aus einem Krieg,
der nie war.
Eine einsame Kastanie,
verkrüppelt, die Blätter
vom Wind zerzaust.
Leere Schalen auf der Erde.

Die goldenen Blätter
der Espen zittern.
Ihr trockenes Rascheln
klingt wie das Raunen von Geistern.
Ein Schwarm Vögel lässt sich
auf den Bäumen nieder.
Ihr Kreischen vermischt sich
mit dem Wind.
Das Schilf wispert
zu den Wellen des Teiches,
die ans Ufer schwappen:
„Vergangen, vergangen."
Ein Frosch quakt.
Über dem Wasser steht
die letzte Libelle des Sommers.

* Erstveröffentlichung in „Mondnacht", 2014

Saza Schröder

Ahnung

Dort ein Schmetterling
im lichten Birkenherz
ein Vogelrascheln

Dort eine Blume
ein Falter rastet
schaukelt im Windhauch

der Kuckuck ruf von weit
noch ein Falterflügelschlag und
vorbei der Sommer

David Damm

DAS APFELBÄUMCHEN

Sieh, das kleine schmale Stämmchen,
Das auf grüner Wiese steht,
Wie der Wind mit seinem Kämmchen
Durch das Laub ganz zärtlich geht.

Riech, wie fein sich diese Früchtchen
Mit Verlockung parfümiert,
Und noch süßer ihre Düftchen,
Wenn die Äpfelchen kandiert.

Horch, das Rascheln in den Blättchen,
Säuseln, Brausen wie am Meer,
Bunt gefärbt geh'n sie zu Bettchen,
Bis die Zweige kahl und leer.

Pflück die glühend' Apfelbäckchen,
Strahlend rot vom Sonnenschein,
Husch, hol schnell ein großes Säckchen,
Sammle alle Äpfel ein.

Koste von den reifen Stückchen,
Mhhh, wie gut der Kuchen schmeckt,
Zimt und Zucker und ein Schlückchen
Apfelwein und Apfelsekt.

Novembernebel
Der Apfelbaum setzt Lampen
aus roten Früchten

Ira Karoline Bräuer

Ingrid Herta Drewing

HERBSTFARBEN

Der Tag erwacht im Sonnenlicht,
lässt Nacht und Nebel schwinden,
küsst wach der Bäume Laub-Gesicht,
das herbstlich lächelnd nun verspricht,
sein Farbenspiel zu finden.

Das Linden-Herz in Gold erstrahlt,
die Birke glänzt in Seide.
Der Herbst mit seinen Künsten prahlt,
hellgelb den Ginkgobaum bemalt,
für uns zur Augenweide.

Und freundlich grüßt der Amberbaum;
der Blätter Sternenhände
ziert schon ein feuerroter Saum,
verheißend einen lichten Traum,
ein Leuchten ohne Ende.

Franziska Bauer

MEIN QUITTENBAUM IM HERBST

Von Quitten schwer zur Erntezeit
der Baum, wie er verhieß,
als er sein weißes Blütenkleid
im Mai mich sehen ließ.

Nun hängen Früchte dicht an dicht
an Zweigen. Das Geäst
ist schwer gebeugt durch das Gewicht
der Quitten. Welch ein Fest!

Der Baum steht da in goldener Pracht,
schenkt reichlich, fürstlich her.
Wer hätt' im Frühling schon gedacht,
dass sowas möglich wär'?

* Erstveröffentlichung in „Auf des Windes Schwingen"
(Apollon Tempel Verlag, 2019)

Elke Heinze

HERBSTKONZERT

Äste krümmen sich,
ein Konzert im Blätterdach –
Aufbruch der Stare

Carsten Stephan

GESPRÄCH IM HERBSTWALD

„Sieh, mein Liebster, all die Bäume,
Die im Sonnenlicht erstrahlen.
Einzig um der Schönheit willen
Taten sie sich bunt bemalen.
   Ach, die Welt ist voller Zauber!"

„Meine Kleine, hier weicht Stickstoff
Nur zurück in Stamm und Äste.
Und es bleiben Farbpigmente,
Dass sich keine Laus dran mäste.
   Darin liegt ja gar kein Zauber."

„Aber sieh´ doch, all die Blätter,
Die im Winde niederschweben.
Einzig um der Schönheit willen
Haben sie sich hingegeben.
   Doch, die Welt ist voller Zauber!"

„Blätter fallen nur im Herbste,
Weil der Boden bald gefroren.
Sie verdunsten sehr viel Wasser,
Und der Baum müsste verdorren.
   Darin liegt ja auch kein Zauber."

„Aber hör doch, all die Vögel,
Die ein letztes Mal noch singen.
Einzig um der Schönheit willen
Lassen sie ihr Lied erklingen.
   Doch, die Welt ist voller Zauber!"

„Dieser Vogelsang ist nur ein
Territorialverhalten.
Männchen scheuchen ihresgleichen,
Um so ihr Revier zu halten.
   Darin liegt erst recht kein Zauber."

„Aber hör ich deine Stimme,
Lispelnd jene Sätze sagen.
Und dann seh' ich deine Schnute,
Der mein Wort will nicht behagen.
   Darin liegt ein großer Zauber!"

HERBSTWALDBALLADE

Ein Birkenblatt, einst hoch im Baum
und unter seines gleichen,
begann, da es November war,
im Wald herumzustreichen.

So geistert es durch dunkler Nacht
und hat die hellen Tage
am Rand der Waldwiese verbracht
und zwar in Rückenlage.

Der Herbstwind bat es kühl zum Tanz.
Bis hin zur nächsten Lichtung.
Dort endete die Liaison,
sowie auch hier die Dichtung.

Doch halt!
Hier fehlt noch die Moral.
Das Fazit dieser Zeilen.
Durch frischen Wind kann Poesie
mit lahmem Text auch eilen.

Daniel Grummt

AHORN MEETS EICHE

getaumelt durch wechselnde Lüfte
ergreift es der rotgelbe Boden
retardierend durch Winde getragen
erliegt es schließlich der Zeit

ach, wär's doch nur wieder dort oben
verbunden mit hölzernem Ast
so fühlte es sich dennoch ver(f)logen
denn dem Baum wär's im Winter 'ne Last

schmiegend nimmt es daher das Schicksal
mit dem es sein Frieden längst hat
und raschelt sich zu dem Ander´n:
ein Ahorn fällt aufs Eichenblatt

Anke Apt

HERBSTBILD

goldgelber Teppich
eine Allee lang
bis zum Horizont
zwischen all dem Gold
ebenholzschwarze Stämme
als Leitplanken
nebelverhangen
das Licht des Novembers
erinnerungsvoll
der Weg
zur Sonnengeburt
im neuen Jahr

Ingrid Herta Drewing

HERBSTABEND

Aus den Wiesen schweben Schleier,
Nebellieder; Abendrauch
hüllt die Weide ein am Weiher,
wo der letzte Silberreiher
wird zum Bild in sanftem Hauch.

So wie zarte Tuschezeichen
in der Ferne Baumkonturen.
Kronen jener Buchen, Eichen,
die bis in den Himmel reichen
über grünen, feuchten Fluren.

Leicht im Abendlicht verschwimmen
sie in goldner Sonnen-Glut,
die sich rötet im Verglimmen.
Und es schweigen laute Stimmen;
stille wird der Wald und ruht.

Jürgen Molzen

DARAN...

Entblätterter Baum.
Wie Krallen dein Geäst.
Drin hängt ein verwunschener Traum.
Ich halte mich *daran* fest.

Edda Gutsche

FRÜHER WINTER
(Im Schlosspark Schönhausen)

Das Geheimnis wohnt immer
auf der anderen Seite,
in den Bäumen
am anderen Ufer,
jenseits der Lauben,
unter einsamen Schneebetten,
zwischen gefrorenen Äpfeln.

In die Stämme knorriger Eichen
führen verborgene Pforten.
Drinnen wohnen die Seelen
scheuer, heiliger Tiere.
Du mein einziger Geliebter,
wie du vor mir gewachsen bist...

...Eiche mit Tierseele,
ich hüte dein Geheimnis.

Ursula Gressmann

IM NEBEL

grau
hängen moosfäden
wie schlangenzungen
an den bäumen
lautlos fällt das laub
nur das summen
der elektrozäune
ist zu hören
kein vogel singt
dunkelflutend
wartet die stille
jenseits des schlafes

Feldweg
im Winter. Im Geiste
flüstern die Espen.

Reinhard Dellbrügge

Christine Hidringer

GEDANKEN KNIRSCHEN

Gedanken knirschen
auf kaltem Schnee
Wurzeln erdverkrustet
strecken ihre Finger
zum Himmel
Worte schlagen
Schneisen in Idyllen
aus Wüstungen
steigt Rauch

Jutta v. Ochsenstein

LAPPLANDKIEFER

die Weite
klar und weiß
verliert sich still

der gefrorene Fluss
schreitet noch
an den Horizont
der hingeruhten Berge

milder Blick
Blau zittert leicht
in die Haut

das Auge hält sich
an der stumpfen Kiefer
im ertränkenden
Licht der Leere

Hartmut Gelhaar

NUR SO EIN GEDANKE

Kristalle kuscheln an den Zweigen.
An Blatt und Stamm, an Stock und Stein.
Im Wald nistet ein großes Schweigen.
Der Winter stellt sich frostig ein.

Ein Windhauch streicht still über Wiesen.
Zerbröselt dann an alten Eichen.
Leicht fröstelnd stehe ich vor diesen.
Träume ihr Alter zu erreichen.

VER-
WAND-
LUNGEN

Svenja Tengs
UNTER DEINEN ÄSTEN

Unter deinen Ästen fühlt die Welt sich frischer an
Über deinen moosbewachsenen Stämmen
Riecht es wie nach Hobelspan
In feuchten Wäldern weh'n verwesende Blätter
Die getroffen von Licht in tiefen Farben erstrahlen
Wie flüchtig an uns vorbei
Während dein Blick mich streift

Ich weiß, dass dein Herz erweicht ist
Und meine Seele, die spinnt
So vieles, was noch unerreicht ist
Und wer weiß schon, wer wir sind

Otto Dvoracek

KOPFWÄRTS

Neue Äste
erklettern,
hinauswachsen
aus allen Niederungen.
In die Luft
auffliegen,
fremde Gärten
umkreisen
mit den Luftbewohnern.
Die Kälte nimmt zu
weit über den Erdmassen –
die Welt liegt mir zu Füßen.

Neue Adern
anbohren,
einen Weg bahnen
durch das Dickicht der Gewächse.
Das Keimhafte löst sich
aus der Verschalung.
Poren öffnen sich –
Wegweiser
in fremden Sprachen.
Aufreizende Stacheln ragen empor,
kopfwärts –
zu den höchsten Wipfeln.

Ein weites Land tut sich auf
hinter den Wäldern der Zeichen.

Elisabeth Drab

WINDWECHSEL

Es kämmt der Wind durch meine glatten Haare,
er schüttelt meinen Kopf wie einen Baum.
Gedankenblätter sprengen Zeit und Raum,
verwehen ohne herbstliche Fanfare

Die Blätter sind beschrieben mit Geschichten
in grün-gelb-roter und in brauner Schrift.
Wer wählt ihn aus, den Lebenszeitenstift?
Wie lässt sich loses Blätterwerk verdichten?

Ein Treiben, jedes Blatt wird fortgetragen,
mein Denken schwimmt in einem Blättermeer.
Der Blütenfall zerschäumt an Wellentagen.

Dann Wogenglätte, Kopf und Baum sind leer.
Der leichte Wind stellt keine schweren Fragen.
Er singt mir Lieder ohne Wiederkehr.

Walter Zeis

FRAGEN

Raum
greifst du in mir wie ein Baum.

Wie mit Schwingen des Windvogels
streifen meine Gedanken
dein Bild in mir.

In der Trauer
um deine Ferne
lösen sich Blätter
und taumeln
beschwert zu Boden.

Mein Blick fällt
auf Fragen
aus welken Blättern
über verborgenen Wurzeln.

Xenia D. Cosmann

DER VOLLMOND SPIELT MIT DEM APFELBAUM

Der Mond hat sich ein Zelt gebaut
mit lila Wolkenzipfeln,
und weil er durch mein Fenster schaut,
muss ich so blinzeln.

Ich schmiege mich in Kissen tief.
Der Mond greift nach den Wänden
und malt darauf ein Waldmotiv
mit seinen Silberhänden.

Stephanie Richter

DAPHNE

Wenn deine Fingerspitzen
die Rinde des Lorbeerbaumes berühren,
können sie noch immer das Echo ihres Herzschlages fühlen.
Rasend.
Während Haare im Wind wehen,
und ihre Glieder – noch mitten im Lauf – hölzern werden,
ihre Füße sich tief in kühle Erde graben.
Hör hin.
Und du vernimmst noch immer ihr Seufzen.
Die Erleichterung.
Als Haut und Knochen sich zu Holz und Rinde wandeln,
ihr Seidenhaar zu ledrig festen Blättern wird.
Als sie erstarrt und dennoch eine andere Welt betritt.
Denn plötzlich berührt ihr Haupt den Himmel.
Hätte sie noch einen Mund,
dann würde sie jetzt lächeln.
Wenn du genau hinsiehst, kannst du es
– tief eingekerbt in uralter Rinde –
dennoch sehen.

Marion Leuther

Ungebeugte

Knorrig
Fest verwurzelt
Steht die Schwarzpappel
So wie du, Liebste
Unbeugsam

Evelyn Bernadette Mayr

METAMORPHOSE

Als deine Kanten knorrig wurden,
deine Wurzeln tief, deine Arme lang und weit,
da war es mir, als hättest du vielleicht weniger
Worte als zuvor.
Vielleicht irre ich mich, aber deine Stimme war
nun ein siedender Dunst zwischen
Mittagsglut und klebrigen Knospen geworden,
dein Atem ein leises Gesäusel, ein Raunen
zwischen Luft und Blättern,
das Rauschen im Geäst dein
sehnsüchtig sonnengetränktes Erzählen.

Die Erinnerungen waren Bilder
auf einer rauen Haut den Stamm entlang,
die Sprache fern, nah der Grund,
das Wasser untrüglich,
klar der Saft, ohne Worte, lückenlos,
eine Welt.

Steffen Marciniak

KYPARISSOS
Verwandlung in eine Zypresse

Bebende Harfensaiten tragen den Paian
Über Winde reitend durch die Wolkenbahn
Hin zu Delphis Lichtgeschöpf und Hüter
Der verfallen noch im Augenblick dem Sänger.

In Sternensphären ziehen weiße Schwanenflügel
Apollons Glanzgefährt über ferne Himmelshügel
Zu träumend Jüngling in der Berge Musenwald
Den goldgeweihten Hirsch ihm darzubieten.

Rötlich unter sonnenhelle Pfeiles Spitze glüht
Kyparissos namenloser Trauerpfade müd –
Tödlich wund schreit des Tieres weicher Bauch
Knabentränen tropfen in den Tau im Moos.

Verwandelt ragt tiefgrün der Zypressenbaum
Wimpern endlos zweigen in den Blättersaum –
Zehen sprießen in ein Geweih aus Wurzeln
Golden weinen harzene Perlen stummen Reigen.

Melanie Völker

Seelenfall

Manchmal kommt es mir vor,
als seien wir Baum und Holzfäller zugleich,
als schlügen wir Äxte in unser Selbst,
spalteten Wünsche, Träume und Hoffnungen
mit den abgetrennten Ästen und Zweigen.
Jeder Schlag eine Kerbe in unserer Haut, die sich tiefer gräbt
und eine Narbe auf unserer Seele hinterlässt.
Wenn die Winterwinde über uns ziehen,
streifen wir die Blätter von uns,
lösen uns von dem, was lastet,
um im Frühling mit neuer Kraft zu wachsen.
Und trotz dieses Wechsels, trotz aller Erfahrung
lernen wir nichts, bis unsere Seele irgendwann
mehr Narben trägt als Knospen.

Cornelius Zimmermann

OPHELIA

in dieser nacht weinten die vögel
in ihrem geästeschlaf weil sie sich
nicht konnten verbergen vor den
wolken die ihre dunkle regenlast
in leisem delfinflug herantrugen

und sie verstreuten ihre vom
himmel befohlenen tropfen als
zerrisse die frau des odyss' ihr
gewebe über die kronen der
rosa erblühten kastanienbäume

da fielen klagend zur tiefe nieder
die frischen blüten der stolzen
kastanien und niedergeschlagen
lagen sie da und deckten den boden
als drängten schafe sich in der hürde

so sah ich sie liegen im zögernden licht
des beginnenden tages als
hätten der tränen unzählige im
kreisesrund zur klage sich um
die stämme der bäume versammelt

da wusste ich es: dein tag war gekommen
an dem die kastanien – ahnend – dir
ihre vielen tränen hatten geschenkt
da unsere noch ruhten im tiefen schlaf
der flügelverhangenen wahrheit

er war gekommen: dein letzter tag
du glittest dahin auf dem floß deiner
haare und trugst unsere tränen
als wärest du eine blütenbekränzte
ophelia unter den dunklen wolken

Christa Issinger

APFELBAUM

so zittert das laub an den ästen
ein gedanke tropft
von der blüte
gegen die einsamkeit
eines winters

Matta Lena
AUS MEINEM MUNDE
WÄCHST EIN BAUM

aus meinem munde
wächst ein baum,
der baum, den du gepflanzt

bäume, myriaden von bäumen,
was, wenn alle wüchsen
zum buchlosen wortwald

wenn alle samen humus fänden
im gepflügten feld
zwischen findlingen

geschmolzener eiszeiten
im geschiebe und geröll
des treibenden flusses

aus dem ich trinke,
den baum zu wässern,
den du in mich gepflanzt

Johann Wolfgang Busch

SO WIE IN DER PFLANZE
DAS LICHTE WEBT

So wie in der Pflanze das Lichte webt,
und wie es die Blüten ins Lichte hebt –
Wie in der Blüte das Leben waltet,
und Blatt und Blätter zum Kelch gestaltet!

So hat dich mein Herze in sich erspürt,
als du mich aus Dunkel ins Licht geführt –
So will ich nun immer nur bei dir sein,
Geliebter im wärmenden Lebensschein!

So hast du die Flammen zur Nacht entfacht,
da sind alle Tränen zum Licht erwacht –
Wie strömte das Lichte zur Wurzel hin,
wie hebt sich die Wurzel zum Lichte hin!

So leuchten die Nächte in Liebesglut,
da wurde das Lichte zum Lebensblut –
Da wollt, wie die Pflanze so keusch und rein,
ich Blüte am Baum deiner Liebe sein!

Barbara Schleth
VERÄSTELTER SINN

Ich verlor mich oft
Im weiten Astwerk des Lebens
Auf der Suche nach Sinn
Streifte durchs Blattwerk
Lauschte hier wie dort dem Echo
Botschaften windverweht

Ruhte auf Ästen
Träumte mich durch viele Sommer
irrte durch karge Zeit
Stellte mir Fragen
Blätter rauschten in Zwiesprache
Ich flehte um Antwort

Endlich ließ ich los
Da leuchtete es sacht von fern
Matt erkannt' ich das Wort
Der Sinn war schon längst
In erste Tautropfen gelegt
Ich verneige mich still

vor dem Staatstheater
die Pirouetten
der Platanenblätter

Ruth Karoline Mieger

Margit Weith
HÖLZERNES GEDÄCHTNIS

Aus dem Wurzelreich geboren, durch das sanfte Licht geweckt,
hat die Sehnsucht dich erkoren, aus dem Erdenreich entdeckt.
Sonnenschein und kühler Regen, aber oft auch Wind und Schnee,
war'n Begleiter dir und Segen und der Frost tat manchmal weh.

Doch in all den vielen Stunden deines Wachstums, deiner Kraft
hast du eines nur gefunden: die Essenz, den Lebenssaft.
Du bist nur als Baum geboren, weil ein Baum du wolltest sein.
Hast dich ganz darin verloren, warst sein Sinn und Zweck allein.

Doch all das, was du erfahren an dem Platz, den du bewohnt,
hast in all den langen Jahren du gespeichert und geformt.
Als du einst gelebt im Walde, warst mit Fuchs und Reh vereint,
ist ihr Abdruck dir ganz balde in dein Holz hinein geleimt.

Selbst dein Tod ist nicht das Ende, deine Botschaft bleibt besteh'n.
Deine Formen sprechen Bände und so können wir dich seh'n.
Tief ins Wasser musst du fallen, taumelnd in des Strudels Schwall,
gegen Felsen wirst du prallen, von der Quelle bis zum Fall.

Wieder wird dein Holz das speichern, was die Umwelt dir dort bringt,
diesmal Wesen aus dem Zeichen, das der Wasserwelt entspringt.
Siehst die Echsen, spürst die Schlangen, kennst die Fische und den Schwan.
Deine Liebe, dein Verlangen, saugt sie auf und nimmt sie an.

Und so wirst du Teil von allem, von den Tieren, der Natur.
Nichts wird jemals ganz zerfallen, wenn verfolgt wird diese Spur.
Auch die Kunst wird dich empfangen, wird dich ehren und versteh'n,
der Betrachter wird gefangen, die Magie wird weitergeh'n…

* Das Gedicht "Hölzernes Gedächtnis" ist anlässlich einer Vernissage mit dem Titel "Zauberhölzer aus dem Lech" des Künstlers Jürgen Blasinski entstanden. In seine Acryl-Bilder in Betonoptik hat er Treibholz-Fundstücke aus dem Forggensee und dem Lech eingearbeitet und so diesen "Wesen" neues Leben eingehaucht. Seine Philosophie, dass Wasser Informationen speichern und weitergeben kann, wurde bei dieser großartigen Ausstellung sehr deutlich spürbar.

WAHRNEHMUNG

Blätter am
Himmel über
mir tausend
Lichtbewegungen vor blinzelnden Lidern schwanken
Farben wirbelnd zwischen Ästen immer
wieder neu vom
Wind bewegt.

Ruhend am
Boden in mir vielfach
Gedankenströme in gebundenen Haaren kribbeln
Worte fließen hinter Augäpfeln immer
wieder neu vom
Eindruck angeregt.

Nadja Felscher
ES GIBT NÄCHTE

Es gibt Nächte,
da ist mein Schatten größer
als der Baum im Hof.

So riesig, so stark,
dass ich kaum glauben mag,
dass er zu mir gehört.

Sollt' ich dann die Geister fürchten,
die in hünenhafter Gestalt
in meinen Garten steigen?

Oder sollt' ich glauben,
Gespenster atmeten das Dunkel aus?

Aber nein,
es ist das Spiel des Baumes,
dessen Blattwerk sich schwärzt,
um mich zu narren!

Und ich hatte geglaubt:

Es gäbe Nächte,
da mein Schatten größer sei
als mein Lieblingsbaum.

Heike Margolis

KUNSTSTUNDE

vom stamm gehen sie aus
die äste in die zweige
das zeigt sich im winter
im sommer sieht es aus
als sei der baum ein lolly

ist er aber nicht
sagt streng frau eng
schlägt die füße zusammen
zieht die knie durch
streckt die arme nach ost und nach west
spreizt die finger
und hält so
die pOsitiOn

dass ihre starren augen astlöchern gleichen
sagt ihr ein kind
und ein anderes sieht
zwei höcker am baumstamm

Phil Rumyad

MORGEN – NACHMITTAG – NACHT

Morgen

Bevor die Sonne aufgeht, reißt der Wecker mich wie Unkraut
Aus dem erdigen Bett und steckt mich
Unter Protest in eine Vase.
Mir blüht ein langer Tag.

Nachmittag

Bei Regenwetter grau wie Stahl,
Auf meinem Schreibtisch liegt die Müdigkeit
Und ich dachte mir, beim Blick durch den Raum,
Meinen Plastikbaum habe ich lange nicht mehr gegossen.

Nacht

Blasse Glühwürmchen spähen durch das Fenster,
Als das Mondlicht mich
Umarmt und langsam betäubt.
Milde schlägt die Dunkelheit wurzeln in meinem Geist.

Daniel Grummt

AB/FALL

sobald die Kirschen blühen
werden wir uns verlieren
jeder für sich
vom Winde getragen
zufällig, irgendwohin
so wie wir an den Baum gekommen sind
durch ein unergründliches Tändeln
wir hatten uns nicht mal gesucht
wozu auch
wir hatten schließlich keine Ahnung
wussten nicht
dass es uns gibt
und doch waren wir
da
genau hier
fielen wir ab
wie reife Früchte

Anni Kaufhold

BLÄTTERRAUSCHTANZ

Unter den alten Bäumen versunken in Küssen
im Blätterrauschtanz bis uns schwindelt
obwohl wir uns nicht vom Fleck bewegen
sondern wurzeln wie die Bäume

Anne Sylvia Zänkert

VERBUCHUNGEN UND WIND

zart
er streicht
baumkronenleicht durch
das blauschwarz der nacht
das herz voller sehnsucht
und die augen voll schmacht
hat er das rauschen des
baumes als gefallen
v
e
r
b
u
c
h
t

Zwitscherndes Morgenlicht
der Baum
verliert eine Feder

Gerd Romahn

Jens Junk

Mein Freund, der Baum

Mein Freund, der Baum, lebt weiter fort,
in andrer Form, an andrem Ort,
er wurde einst einmal gefällt,
reist nun als Buch durch diese Welt,

und hinter seiner dicken Rinde
verbirgt sich manches Wortgebinde,
man liest dort zwischen Jahresringen
von vielen wundersamen Dingen.

Die Blätter rauschen sanft ins Ohr,
nur wenig Leser stellen sich vor,
wenn sie verträumt dies Büchlein lesen,
das ist einmal ein Baum gewesen.

Mein Freund, ich konnt' nicht widerstehn,
wir werden uns bald wiedersehn,
hab nur ein klein wenig Geduld,
ich stehe tief in deiner Schuld!

Verzeih mein Freund, ich tat dir weh,
doch stets, wenn ich mein Büchlein seh,
umarm ich einen Freund von dir,
gedenke dein, verzeihe mir.

BAUM

UND

MENSCH

Gudrun Heller

ODE AN EINEN ALTEN FREUND

Mit den Füßen
fest in der Erde verwurzelt,
streckst Du Deine Hände
zum Himmel aus.

So als wolltest Du
die ganze Welt umarmen
und warst doch noch nie
fort von zu Haus.

Du flüsterst mir
seltsame Worte zu,
die ich nicht verstehen kann.

Doch ihr Rauschen
tut meiner Seele gut
und ich genieße es,
wenn ich mich
an Dich anlehnen kann.

An Deinen rauen Körper,
der mit den Armen
kaum zu umfassen ist
und zu dessen Füßen
ich so gerne sitze
im sanften Abendlicht.

Dass es zwischen uns
ein Verstehen gibt,
erscheint mir oftmals
wie ein Traum.

Und meine Welt wäre sicher
leerer ohne Dich,
mein geliebter Baum.

Eusebius van den Boom

AN EINEN ALTEN BAUM

soweit
ich zurückdenken kann
hast du
hier gestanden mein freund
hast nichts
von der welt gesehen
und doch
so viel

Elke Heinze

Ein Stück Ewigkeit

Ein plötzlicher Windstoß lässt den alten Ahorn vor meinem Fenster erzittern. Herbstlaub sinkt langsam zu Boden. War es nicht gerade erst Frühling? Ich erinnere mich an die Schneeglöckchen, die die eisige Erde durchbrachen. An Sonnenstrahlen, die erstes Grün zum Leuchten brachten. Der Blick nach draußen kommt mir vor wie ein Blick in den Spiegel. Ich bin grau geworden, fast unbemerkt, doch nun ist es geschehen. War ich nicht eben noch ein junges Mädchen? Ich höre meine Mutter sagen: „Um Himmels willen, Kind, keine Strähnchen im Haar. Grau wirst du früh genug." Wie recht sie hatte.

Wieder schaue ich aus dem Fenster. Es dämmert schon. Bald wird der Baum kahle Äste in den Himmel recken. Und doch im Frühling wieder neue Blätter treiben. Sein grünes Dach wird sich wie in jedem Jahr über mir wölben. Hausbaum, Familienbaum. Er stand schon dort, bevor wir kamen. Mit den Jahren hat er an Schönheit zugenommen. Er spendet Schatten gegen die Hitze des Sommers. In seiner Krone nisten Vögel, Eichhörnchen turnen in seinen Ästen. Stark ist er, unerschütterlich. Darin unterscheiden wir uns. Er wird noch da sein, wenn ich nicht mehr bin. Doch etwas bleibt noch zu tun.

Entschlossen gleitet die Feder über das leere Papier. „Am Anfang war der Baum…"

Wolfgang Mach

MEIN WELTENBAUM

Du spürst die Jahreszeiten
erlebst die brennende Sonne
Regen, den Wind den Schnee
mit verholzten Zehen
du wurzelst tief
fühlst den Atem der Erde

hab dich wachsen sehen
Jahr für Jahr
stolz und fast unnahbar
bist du geworden
unstetig Luftwurzeln schlagend

Luftwurzeln wie die große Orgel
darin spielt der Sturm
ein lebhaftes Oratorium
komponiert ein Präludium
zur Melodie der Engel

eine Fuge mit vielen Stimmen
einen göttlichen Choral
wie himmlische Girlanden
pfeift der Orgelwind
durch sämtliche Register

es war bei der Oktoberwende
als der Regen gefror
da habe auch ich Wurzeln geschlagen,
in einem leeren Moment
an diesem Baum

mittendrin mäandern
im Blattwerk des Vergessens
meine verminten Gedanken
schwerelos durch dein Geäst

ein poröses Mosaik des Seins
du kannst nicht davonschwimmen
bist tief verwurzelt in meinem Kosmos
mein Weltenbaum
unterm zerrissenen Himmel

Wolfgang Endler
BAUM – KÖRPER

baum   körper

ast   arm

borke   haut

wurzel   fuss

zwei

eins

Bernd Pol

MIT BÄUMEN ZU LEBEN

ich liebe es still mit den bäumen zu dösen
an ruhigen tagen dem einatmen zu lauschen
gemeinsam wasser luft und sonne zu trinken
im wieder erschaffen reiner lebendiger kraft

dies ist die zeit
stämme zu umarmen

einfach ein ruhen
durch sich gleiten lassen
vor der mühe kommender nacht

ich liebe es abendgesprächen zu lauschen
im späten hereinsinken sanfteren leuchtens
die freude zwischen baumkronen zu spüren
oder dies trauern um einen gefallenen freund

still verstehend einfaches sein
welten geschehend zu leben
unter dem kronendickicht

einfach nur existenzen
schweigend zu teilen

ich liebe das erwachen zur nacht durchzuleben
wenn die mühe des wachsens riesen durchflutet
unter strengen kronen dies treiben zu spüren
wie blitze ins dasein vordrängende tageskraft

da wächst die zeit
unter bäumen zu lieben
in erdvertrauen geborgen

gemeinsam lebendig zu sein

Katharina Lankers

DIE WEISE BIRKE

An einem trüben Spätseptembermorgen
begab ich mich nach draußen, weit ins Feld.
Mein Herz war schwer, mein Kopf war voller Sorgen,
ich war allein, und trostlos meine Welt.

Es zog mich hinter wilde Dornenhecken
zu einer Birke, die stand auch allein.
Doch näherkommend konnte ich entdecken:
die Einsamkeit, die gab's hier nur zum Schein!

Das Stämmchen, kaum dem hohen Gras entronnen,
zerteilte sich geradewegs in zwei
und hatte somit einen Freund gewonnen –
der andre Stamm, der war stets dicht dabei.

Es strebten auf dem langen Weg der Mühen
gemeinsam beide Zweige in die Höh',
umschlangen sich und wuchsen und gediehen
und teilten miteinander Leid und Weh.

Voll Ehrfurcht stand ich vor dem klugen Baume,
der Doppelbirke – und ich muss gesteh'n,
nicht mal in meinem allerkühnsten Traume
hätt' ich die Lösung je so klar geseh'n:

Wenn dir die Welt mal trist und einsam scheint,
dann sei dir einfach selbst der beste Freund!

Im Birkenhain
das Gefühl von Einsamkeit
ein Ginkgo

Wolfgang Gründer

Lothar Wachenschwanz

EIN KLEINES WUNDER

Im Erlenbaum war emsiges Treiben,
ich hörte es und musste stehen bleiben.
Ein großes lärmendes Meisenheer
schwirrte in seiner Krone hin und her.
Da war ein Singen und Klingen
im Baum, als ob's dieser selber wär'.
Es war schon von weitem zu vernehmen,
man rätselte nur, woher die Laute kämen.
Nun aber stand ich staunend da
und dachte, das „Märchen vom singenden
und klingenden Bäumchen" ist
Wirklichkeit geworden – grad ebenda.

Christian Stielow

BOIA MICA

Buchen bis zum Horizont
Keine Straße führt durchs Tal
Steil die Hänge, wild der Fluss
Moosbewachsen Stein und Baum.

Blätter rascheln leicht im Wind
Wispernd teilen sie sich mit.
Heil'ge Hallen himmelwärts
Wurzeln reichen tief hinab.

Langsam zieht der Nebel auf
Sanft umschließt er Baum für Baum.
Kühle bahnt sich ihren Weg:
Boia Mica – Zauberwald.

Anett Wassermann

DACHFENSTERBLICK

Gedanken verästeln sich in den Zweigen
der Erle
die sich zum Fenster neigt.
Nähren sich von den Licht- und Schattenspielen
der Sonne.

Tagträume klettern mit den Spatzen höher
und höher
in die Krone hinein.
Beherzt steigen sie ein ins weiße Luftschiff
der Wolken.

Eine Möwe durchbricht das gewohnte Bild
der Stille
mit wellenartig Flug.
Das Blau des Himmels wird zum Meer.
Ich schwimme zu dir.

Spaziergang
im Rauschen der Bäume
Ruhe finden

Friedrich Winzer

Samira Schogofa

STILLES GLÜCK

Umarmen will ich ihn, den Baum.
Die dichte Krone seh' ich kaum.
Blätterknospen kosen mich.
Ich fühle mich so ewiglich.
Noch Stunden könnte ich ihm lauschen
dem heimeligen Blätterrauschen.
Nun will sich meine Seele weiten
und lautlos durch die Waldung gleiten.
Ich glaub', ich komm nicht mehr zurück.
Bin eine Fee, umhegt von Glück.

Stephanie Mattner

JACARANDA-ALLEE

tänzelnd versunken
im Meer
aus Malventon an Purpur
folge ich der Baum-Spur
Sonnenfäden spielen fangen
in dunklen Haaren
zwischen Blüten und Blüten
wild verzückt
mein Eden

Patricia Strunk
DAS EICHHÖRNCHEN
UND DIE PFLAUME

Raschel.
Was ist das?
Raschel, raschel.
Ein Tier sitzt im Pflaumenbaum,
ich bin ganz sicher.
Vielleicht eine Taube.
Raschel, raschel, raschel.
Ziemlich beharrlich.
Aha – ein Eichhörnchen!
Es zieht und zupft,
rüttelt und reißt an den Zweigen,
um an die süßen Pflaumen zu kommen.
Da, jetzt hat es eine!
Es sieht mich und verharrt.
Vor Schreck fällt ihm die Pflaume
aus dem Maul.
Ich muss lachen.
Das Eichhörnchen
schaut mich giftig an,
riskiert einen Blick auf die Frucht.
Unerreichbar.
Dazwischen steht der Feind.
Ich lache noch immer.
Mit einem empörten Quieken
sucht das Hörnchen das Weite – vorerst.
Die Pflaume läuft nicht weg,
ich hoffentlich schon.

* Erstveröffentlichung in „Mondnacht", 2014

Barbara Merten

DER KIRSCHENESSER

Ein Mann isst Kirschen furchtbar gern.
Da liegt es sicherlich nicht fern,
dass er in seinem Gartenboden
ein tiefes Loch hat ausgehoben,
hinein gepflanzt ein Bäumchen, jung,
gegossen gleich mit frischem Dung.

Nun steht es da, sein ganzer Stolz!
Schnell baut er noch ´ne Bank aus Holz.
Sitzt fortan dort nun jede Stunde,
träumt von den Kirschen: dicke, runde,
sehr saftig und mit kleinem Kern,
weit zu spuken, so mag er´s gern.

Schmeckt in dem Munde schon den Saft,
spürt, wie die Frucht gibt neue Kraft.
Ist glücklich, denn in jedem Laden
müsst er für Kirschen viel bezahlen.

Und die Moral von der Geschicht':
Es kommt nur an auf deine Sicht!
Obwohl er keine Kirschen hat,
wird dieser Mann im Traume satt.

Wolfgang Uster
Mein Baum

Oh, schöner Baum,
wie hast du mir
die Seele eingehüllt.
Wie hast du aus dem Blätterkleid
die Trauer mir und auch mein Leid
wie schlechtes Glück zerknüllt.

Oh, schöner Baum,
mein Schwesterherz,
mein Bruder nicht allein.
Wie stärkst du aus dem Schattenblick
hinauf zur Sonne und zurück
mein schwaches Menschensein.

Oh, schöner Baum,
dein Rindenholz
hat meinen Kuss zerkratzt.
Wie lieb ich deinen starken Stamm,
die Wurzel tief im Erdenschlamm,
die Früchte aufgeplatzt.

Oh, schöner Baum,
wie schreckensfremd
erstarrt ist dein Gerüst.
So tiefgefroren rissig, schwarz
im aufgeplatzten Rindenharz
mein Leben – kehr zurück!

Thomas Schubardt

Es raunt der Herbstwind

Ich streichle dich, du greiser Riese,
Denn deine Rinde ist fast schwarz,
Jetzt stehst du einsam auf der Wiese
Und deine Glieder bluten Harz.

Einst ragte auf hier Eichenwald,
Und du warst einer unter Gleichen,
Nun bist du kahl und dir ist kalt,
Denn deine Brüder mussten weichen
– Sie sind längst Dielenbretterleichen.

Ich jage weiter, alter Knabe,
Behalte nur dein letztes Blatt,
Das dich noch schmückt, als Morgengabe,
Für den, der Trost bald nötig hat.

Susanne Weik

TRAUERFALL

Nur ein Stumpf
Das Holz noch hell
mit sechsundneunzig Ringen
Die Wiese schattenleer

Verstreut
die wirren Zweige
Die hohe Krone
auseinandergerissen
Am Waldrand
zwischen die Bäume gestopft
Innen im Wald ihr Stamm
in Teile zersägt
versteckt
als wäre ein Verbrechen geschehen

In eine gebrochene Baumscheibe
mit einem Messer geritzt
ein Baum und ein Herz
ein Kreuz und das Todesjahr

Früher
war sie die mütterliche Wächterin des Tals
ausgebreitet
in alle Richtungen des Himmels
Orientierung
für die anderen Bäume
im Wald hinter ihr
Ihr Blick
bis zum Fluss hinunter
und über die Hügel
Das dunkle Laub
Heimat der Vögel
die aus ihr auftauchten
im Abendlicht
wie flirrende Silberwesen

Anlehnen an ihren mächtigen Stamm
An ihr hochschauen
in eine mit Lichtgrün
durchwirkte Welt
Ihren Baumbotschaften zuhören
Die tiefen Risse tasten
Die leisen Geräusche aus der Krone
Das ungleichmäßige Plopp, Plopp
der Eicheln im Herbst
Knacken unter den Füßen
beim Gehen
Ihre blattlose Gestalt im Winter
Ruhend

Im Gras
nicht auf dem Weg
einer ihrer starken Äste
vom Sturm gebrochen

Die Wunde würde heilen
wie die erste, große
aus ihren jungen Jahren
schon lange geschlossen

Doch es kamen die Sägen

Diejenigen
die sich seither
dort begegnen
bleiben stehen
sprechen von ihr
schütteln die Köpfe
trauern

Ihr Baumstumpf eine helle Blüte.

**Die uralte Linde
Gefällt
Vorschriftsgemäß hohl**

Evelin Schmidt

Anne Magdalena Wejwer
[I HAVE A ...]

herr von ribbeck war der held meiner kindertage
obwohl ich das gedicht zum heulen fand
allein das bild vom baum der auf dem grabe stand
doch cool wars trotzdem, keine frage

jetzt bin ich groß, wie schnell die zeit vergeht
sie machen klopapier aus birnenholz
noch immer ist die menschheit dumm und stolz
und keiner weiß, wie lang der regenwald noch steht

dabei ist jeder baum ein vers, den diese welt dem himmel schreibt
ein bisschen frieden, was, was hält
und doch wird tag um tag gefällt
damit dem teer mehr fläche bleibt

herr von ribbeck ist tod und doch lebt sein traum
und auch ich werde nicht länger warten
vor meinem fenster steht er im garten
denn ich habe einen

baum!

Annemarie Bergmeister

Der Lorbeerbaum
in meinem Garten

Als du gegangen warst,
pflanzte ich einen Lorbeerbaum
für deine Wiederkehr.
Ich nannte ihn „Baum der Vergebung"
und nährte ihn mit meinen Tränen.

Am Wachsen und Werden des Baumes
wollte ich prophetisch ersehen,
ob wir uns selbst,
ob wir einander
Vergangenes verzeihen könnten.

Der immergrüne Baum gedieh,
schnell wurde er größer und schöner
als andere Lorbeerbäume.
Er prunkt mit Blättern aus grünem Gold,
trägt Blüten und Früchte gesegneter Art.

Doch aus seinem wachsenden Schatten treten
nun spukhaft leere Stimmen hervor:
Sie sind noch da in der alten Erde –
die ungesagten, versäumten Worte,
die uns damals trennten und Fluch-gleich
noch heute entzweiend zwischen uns steh'n.

Joachim Gräber

Lindengelispel

Der Ton des zarten, hellen Grüns erklingt
in deinem Namen, Linde. Lüfte so,
und Düfte weckt das holde Wort, es bringt
den Lenz uns ahnungsvoll zurück. Nur wo,
bei welcher Linde heut' der Musensohn
sein junges Völkchen fände, ich mich frag;
der Baum am Brunnen vor dem Tore, schon
seit langem nicht mehr Ziel von Wandertag.
Lass' drum zur Ruh am Wiegenort mich nieder;
er Lipsk in Slawensprache ward genannt.
Die Linden dort, sie lispeln all die Lieder,
gekannt, geliebt einmal in diesem Land.
Mag sein, dass leise am Johannisport
Alindes Echo hallt in Nächten fort.

Henriette Tomasi

DER BAUM XIV

Der alte Krüppel –
der Baum da am Rande
so wertlos er scheint
verzweifelt ruft
dass er doch findet
mit Efeu und Flechten berankt
mit knorrigen Rinden
den tiefen Höhlen
den knorpeligen Wurzeln
den Weg in mein Gedicht

K. Bruell

MENSCHEN UND BÄUME

Der Baum ist ein besonderes Wesen:
ganz eng verbunden mit der Erde lebend
und dennoch hoch, zum Licht hin, strebend.

Aber irgendwie hängt er zwischen den Sphären,
die ihn ernähren und Raum gewähren.
Er ist in beiden nicht völlig zu Haus.

Und das macht unsre Verwandtschaft aus.
Auch wir sind zwischen Himmel und Erde gestellt,
doch dabei hat ein Baum uns manches voraus:

Er ist bescheiden, fügt sich in die Welt,
und bietet auch anderen Räume zum Leben.
Wir sind dagegen nur Meister im Nehmen,
Maßhalten und Einsicht sind nicht unsre Themen.

Wir haben unseren Ursprung verloren,
sind viel zu hastig, zu gierig und unausgegoren.
Wenn wir uns noch weiter von unseren Wurzeln entfernen,
verlier'n wir den Weg hinauf zu den Sternen!

Hans - Georg Wigge

GLAUBENSBAUM

In meinem Seelengarten
da blüht ein Glaubensbaum.
Er steht dort schon sehr lange
und wächst bei Zweifeln kaum.
Mal trägt er viele Früchte,
mal ist die Ernte klein
und schütteln ihn auch Stürme,
ganz geht er niemals ein.
Der Grund sind starke Wurzeln
voll gottgegebener Kraft
sie holen aus dem Erdreich
geweihten Lebenssaft.

In meinem Seelengarten
da wächst der Glaubensbaum
und manchmal, wenn ich schlafe,
schickt Gott mir einen Traum:
Dass jener Baum des Glaubens
viel Ableger gebiert
und wenn er einst vertrocknet
zur Bank für Menschen wird,
die sich bei jedem Wetter,
egal ob warm, ob kalt,
von Gott berühren lassen
in seinem Glaubenswald.

Michael Lehmann

EICH UND TANN

Am selben Tag durchbrachen sie den Boden,
dabei sich gefährlich nahe schon.
Im Wettstreit wuchsen sie zum Sonnenlicht,
getrieben von dem Druck der Selektion.

Ihre Kronen strebten, dünn wie Gerten,
doch keine konnt' den Vorteil wohl erreichen.
So mussten beide, Jahr um Jahr
ein Stückchen mehr zur Seite weichen.

Immer schräger zog der Zweige Last,
der Sturz schien nah mit jedem Wanken.
Doch fielen beide nicht. Denn am Grunde hatten still
verschmolzen sich der Stämme Flanken!...

Seit Jahrzehnten finden beider Wurzeln Wasser,
geben ihre Stämme sich einander Halt.
Sie werden alt wie jeder Baum,
ihre Wipfel sind die höchsten gar im Wald.

Darum, Du Zweifler, sieh' es selbst,
magst Du auf Worte schon nicht hören:
Nicht alles Anderssein auf dieser Welt,
muss zwingend sich zerstören.

Andreas Jakowidis

JUNIPERUS COMMUNIS
(Gemeiner Heidewacholder)

An kargen Felsenhängen
Stand ein Wacholderstrauch;
Drumherum blühten auch:
Kräuter, er war gedrungen;

Grün, recht hübsch anzusehen
In dieser kargen Gesteinewelt,
In welcher ohne jegliche Mühen
Er gedeiht, und wenig gilt:

Findet er noch an jenen Plätzen
Eine Nische zum Fortbestand;
Respektvoll sei dies zu schätzen –
So seine Lebensart im Land.

Trauerweide
das bewegte Leben
spiegelt im Wasser

Hildegard Dohrendorf

JAHRES-RINGE

Raven E. Dietzel

Die Richterlinde

Knochig, sich den Jahren beugend
steht sie da, auf grünem Gras.
Lange steht sie da, schaut schweigend
auf das bunte Fensterglas.
Ab und zu wispert sie leise,
wie nur jemand wispern kann,
der sehr alt ist und sehr weise.
Sie schaut sich die Kirche an.

Es hat seine Gründe, wenn
sie so lange danach schaut.
Warum hat man die Kirche denn,
fragt sie sich, hier hingebaut?
Warum muss das große Haus
grad auf ihrer Wiese stehen?
Einst war von diesem Hügel aus
die ganze ferne Welt zu sehen.

Von gnädiger Geduld erfüllt,
weil Jahre Blatt um Blatt verwehen,
ist sie immer noch gewillt,
jene Menschen zu verstehen:
All die Menschen, die es eilt,
ständig Ziele anzustreben,
während sie gemach verweilt.
Tausend Jahre geht ihr Leben.

* Die Linde steht in Heiden, Lippe und ist faktisch erst 600
Jahre alt, wird aber die tausendjährige Linde genannt. Bis ins
siebzehnte Jahrhundert wurde unter dem mächtigen, aus drei-
zehn einzelnen Linden zusammengewachsenen Baum Gericht
abgehalten.

Karl Wolfgang Barthel

BAUM

War ich erst Samenkorn, so wollt' ich zweigen,
dem Licht des Tages meine Knospen zeigen,
und alles war ein Anfang und ein Grund,
worin ich mich mit tausend Wurzeln kralle...
...selbst wenn als welkes Laub ich niederfalle.
tut sich gelebtes Leben in mir kund.

Feire Fiz

ALS WIR NOCH DURCH
BÄUME WUCHSEN

als wir noch durch bäume wuchsen
licht vom lichte blatt um blatt
sonne aller söhne herz und
nahrung war mit ihrem seim

sah ich dich schon knospenzart
wurde werdend niemals satt des
werdens – schloss die hände sanft um
deinen schlummerblütenkeim

öffnete mit dir mich wieder
falteten wir blatt um blatt
träume aus der muttermitte
liederbögen reim um reim

schmiegten gern uns auch der harten
rinde des vergessens ein – in
mark und bein in stock und stein – wo
hält die erde dich geheim?

brich durch die zerrissne rinde
meiner lider meiner lippen
schmetterling entblüh dem herzen
meiner flammen herd und heim

Michael Manzek

Berühr den Wald

Berühr den Wald der tiefen Wurzeln
und folg ihrem Schweigen.
Es führt dich zurück zu dir.

Berühr den Wald der hohen Kronen
und folg dem Weg der Äste.
Sie führen dich zurück zu dir.

Berühr den Wald der rauschenden Blätter
und folg ihrem Tanzen.
Es führt dich zurück zu dir.

Berühr den Wald der uralten Rinden
und folg den Spuren der Ahnen.
Sie führen dich zurück zu dir.

Berühr den Wald der entschlossenen Blüten
und folg dem neuen Leben.
Es führt dich zurück zu dir.

* Erstveröffentlichung 2007 in
„Dein nur vom Wind gehaltenes Kleid"

Wolfgang Rinn
MOMENTAUFNAHME

Birnenbaum, Blütentraum,
einmal nur im Jahreslauf
lebst du auf für kurze Zeit
in strahlend hellem Weiß.

Dein Abschied über Nacht
kommt viel zu früh,
doch sind wir Zeugen
einer Wiederkehr,
die ahnen lässt,
dass Glieder wir
in diesem Lebenskreis,
der uns hineinnimmt
in den Schöpfungsakt...:

Geburt und Blühen,
Welken und Vergehen,
die Hoffnung
auf ein Wiedersehen.

Vorerst bleibt zurück
das Bild vom Birnenbaum,
gehüllt in blendend
weißen Blütenschaum.

Tanja Sawall

WO NUR WIR UNS FINDEN
(Elements of trees)

Grasgrünes Versteck hinterm Mischwaldzaun. Kreisrund. Im Zentrum ein einsamer Baum. Symbolischer Mittelpunkt. Oase am Rande des hektischen Stadtstunks.

Wenn es neblig wird und Worte durch mich hindurchfallen, als wären meine Linien wegradiert, setze ich mich an unseren Baum und bin vollendet.

Sein Blätterwerk spielt die Musik, zu der wir immer tanzten – und ich werde still. Wir schweben umeinander und müssen nicht mal klettern, um den Wipfel zu erreichen. Blütenrausch.

Wir berühren unsere Gegenwart und Zukunft mit der Vergangenheit. Die Seelen derer, die wir damals waren. Was wir sind und was wir gaben: Erinnerungen, die aus unseren Adern sickern. Wie Wurzeln, die den Boden durchbrechen. Du lässt mich leer sein und schwerelos – und doch fühle ich die Welt zwischen meinen Füßen. Mooszart.

Lass uns noch einmal tanzen! An der Linde, dort, wo nur wir uns finden. Wo Deine Stimme meine Grenzen auflöst und das Rindenharz einen Kokon für uns webt. Zeitloses Weltvergessen, wenn die Zweige uns umarmen. Die sanfte Brise flirtet mit unserer Haut. Honigtau beträufelte Poren.

Niemand wird je erfahren, wie Du meine Hand hältst. In Deiner Nähe fürchte ich nichts. Ich bin sicher. Es ist richtig, hier mit Dir.

Und Du... schön von außen und von innen. Wir beginnen, wie von Sinnen und fürchten nicht die Endlichkeit. Wir sind perfekt unperfekt. Zwei Staubkörner in der Ewigkeit. Alles, was ich bin, blüht in Deinen Augen. Damit ich mich darin entfalte. Sauge alles von Dir auf, wie unser Baum die Elemente.

Helge Böger
BLÄTTERROT

Es zieht ein Grün und Rot durch alle Bäume:
Ihre Haare schimmern in aller Zeiten Pracht –
Ihre Farben sind Bilder alter Träume,
Verwandt mit Mutter Gaias eig'ner Tracht.

Dort zwischen warmen Gelb und weichen Grau
Des Himmels traf ich dich im Morgentau;
Die Äste zweigten still davon die Nacht –
Im Blätterregen küssten wir uns sacht.

Und immer weiter naht ein fremder Tag;
Noch stehen wir vor grünen, gelben, roten Reben,
Den Zeugen eines jungen, ersten Lebens;
Wie mag es sein, wenn erst der Winter naht?

Mit den Großeltern
Grimmsche Geister verscheuchen
im hessischen Wald

Renate Straetling

Edda Gutsche
HERBSTWALD

Weißt du noch, diese Herbste,
mit weißen Kuhpilzkappen auf dem Haupt?
Gelb-roter Teppich im Buchenwald,
verwoben mit Blaubeerkraut und Moos,
raschelnd bei jedem Käferschritt...

Spinnen wurden zu Fischern,
fingen Licht in zitternden Netzen.
Und wir beide schwebten
über müde Gräser zur Schonung,
um an Kiefernfüßen Maronen zu finden.

Weißt du noch, diese Herbste?
Wie sie sich durch die Morgenkühle
zum Fluss stahlen, um sich zu spiegeln?
Wie es vom Ufer in den blauen Himmel flammte
und die Bäume sich so vergoldeten,

dass die Sonne erblasste und schlafen ging,
ohne zu grüßen?

Ingrid Hassmann

AUSSICHT

Als wir hinübergingen aus der Nacht
in den Morgen,
stand die Sonne überm Land
und ich fühlte dich ferner
als gestern.

Als der vergangene Tag,
welcher dem Schlaf vorausging,
uns schemenhaft andeutete,
dass kein Tag wie der andere
und keine Nacht wie die nächste
uns Zuflucht gewähren würde,
zerbrach ein Versprechen.

Abend für Abend
umrankte uns das Flüstern der Blätter
hinter dem Haus
und wir wähnten uns
scheinbar untrennbar
bis heute –

die Kunde
vertrockneter Kirschblüten
lese ich im kühlen Wind:
schon nicht mehr eins
und noch nicht zwei ...

verblüht ist die Linde
trage nun ihr Rauschen
nach Hause

Angelika Holweger

Barbara Blume
Eine Linde im Sommer

Mein Leben zeichnet Jahresringe;
leicht hängt das Blatt am Aste der Erinnerung.
Die Jugendtage – stark und satt –
sie liefen doch in meinem Sinne.

Gefolgt von Jahren – zarten, dünnen –
tief verwurzelt in mir drinnen.
Die Ringe bilden eine Mauer
aus Ohnmacht, Angst, Verdruss und Trauer.

Hier sitze ich und spende Schatten.
Die Sommerlinde tröstet mich.
Ich träume von vergangenen Tagen
und Jahresringe bilden sich.

Mirani Meschkat

BERNSTEIN

im wurzelgrunde der gedanken,
unter dem brachland unsrer träume,
entwinden bäume sich der erde.
da wachsen bilder, kaum geboren,
von herz zu herz und gnadenlos
in bernstein eingegossnes moos –
wie liebe geht es nie verloren...
verzeih mir, wenn ich traurig werde!
ach, tränenreiches harz der bäume,
in deren kronen sterne schwanken...

das himmelszelt ist schwer zu halten
für menschen, die von worten leben –
wir sind wie bäume, die versanken
in jahrmillionen, meerestiefen,
wo alles eins wird, was einst war,
und wo die welt sich selbst gebar.
da, wo wir uns beim namen riefen,
den bernstein uns vom munde tranken,
seh ich noch dein versprechen schweben,
während die sterne schon erkalten.

am Wiesenhang
der morsche Apfelbaum trägt
den vollen Mond

Angelika Holweger

Jutta Gornik

Ein Vogel singt im Apfelbaum

Sinnend geht er in das Haus,
wo einst sein Leben lag.
Düster ist es hier, und drauß'
steht sonnenhell der Tag.

In dem großen Speisezimmer
sieht er sitzen bei dem Mahle
die Familie dort wie immer.
Dies' Bild sah er viele Male.

Die Standuhr schlägt die zwölfte Stunde.
Es klingt getragen, klingt nach Sicherheit.
Der Vater schaut ernst in die Runde,
erhebt sich und sagt: Nun ist es soweit.

Die Mutter geht mit ihm – so stumm.
Da zieht ein Schweigen in den Raum.
Der Vater dreht sich nochmal um.
Ein Vogel singt im Apfelbaum.

Er sieht die Tränen seiner Lieben,
da werden seine Augen nass.
Der Vater ist im Krieg geblieben.
Die Mutter sieht er – totenblass.

Auf fahle Wände fällt sein Blick,
wo einst der Ahnen Bilder waren.
Keines ließ ihm die Zeit zurück
in allen vergangenen Jahren.

Nun geht er durch den Garten, weit
bis zu der Blumenwiese Rand,
wo an einen Baum vor langer Zeit
der Vater eine Schaukel band.

Die alte Schaukel schwingt
wie oftmals in seinem Traum.
Und in die Stille singt
ein Vogel im Apfelbaum.

Gottholm August Glatz
Die zersungenen Lieder
der Vögel im Wald

Die zersungenen Lieder der Vögel im Wald
Im Baum, im nassen Nest
Ein Mond, der nicht weiß wie man sich kämmt
Stattdessen auf seinem Lamm bläst

Die zersungenen Lieder der Vögel im Wald
In den Bäumen ist Wind und Schnee
Die Sterne, sie funkeln wie nicht gescheit
Auf den schwarzstarren nächtlichen See

Die zersungenen Lieder der Vögel im Wald
Von Wind und Wetter zerrupft
Der Mann im Mond hat das Lammblasen satt
Und er ist ganz schön verschnupft.

Ruhe nach dem Sturm
hundertjähriger Riese
auf Augenhöhe

Wolfgang Rödig

Petra Klingl
ICH WANDERE

Ich wandere
finde allmählich Lichter
streichle einen Baum
schaffe die Atmosphäre
einer uralten Tarnung
gegen den Tod

Udo Brückmann

LEBENSBAUM

Die Adern der Blätter durchziehen das Grüne
Eskortieren die Arme der Äste
Präsentier'n die Premiere der Weltwanderbühne
Erweitern die Sinne der blühenden Gäste

Durchdringen den Stamm der schützenden Rinde
Geben den Trägern des Lebens Bescheid:
Schieß in den Himmel, die Triebe entzünde
Sei gleich allen Wesen der Sonne geweiht

Mächtige Wurzeln gewähren den Halt
Flüssiges Licht pulsiert in den Menschen
Hinter den Bäumen versteckt sich der Wald
Inmitten von fallenden Grenzen

Anka Röhr

DER WALD

Der Wald
vor lauter Bäumen
unerkannt
unter den Blättern
am Boden
ausgebreitet
das Jahr

Elisabeth Rosche

Gewichtige Entwicklung

Rank und schlank
und niemals krank.
Was willst du mehr?

Doch mit den Jahren
musst du erfahren:
Jetzt bist du schwer!

Bei dir sind's nur die Ringe,
bei mir sind's and're Dinge.
Es ist verquer.

Barbara6491Schwarz

RINDE

Rinde –
deine borkige Struktur
verrät in ihren
gewundenen Mustern
und Vertiefungen
die Abwehrkräfte,
die du entwickeln musstest,
um dem Leib deines Baumes,
dessen Haut du bist,
Schutz und Hülle zu sein.
In der Jugend
warst du noch glatt und faltenlos,
doch wirklich interessant geworden
bist du erst im Alter –
und niemand käme auf die Idee,
dich glatt zu schleifen,
da doch diese Falten
von all dem erzählen,
was dir widerfahren ist.

Furchige Rinde
im Geäst quirlt eine Amsel
als wüsste sie nichts.

Alice C.

Matthias Delbrueck

STAMMBAUMSTAMM

Urgroßvater Waldmeister
moosgrüne Borke, tief verwurzelt im Edaphon
alles Lebendige bindet

Oma Zimmermann
mit Säge und Raspel, Keil und Nut
gingst vielen voran seinerzeit

Die Eltern an der Weiche
gingen zusammen, verästelten sich
verplant, verfangen im Netz

Und wir am Ende der Zweige
Staubblatt und Stempel, Verheißung und Sinn.
Sind wir noch sentimental?

Marcus Soike

Das Piratenschiff

Es steht mein Stamm.
Die Pilze ringsum wollen Nussschalen werden
Es steht der Mast. Beiboote ringsumher
Die Kinder setzen grüne Segel für die Krone
Die Piratenflagge flattert mit dem Laub um die Wette
Meeresrauschen dringt aus dem Weinbergschneckenhaus
Die Degen der Kinder: von fremden Schiffen:
Eibenbaum – Birke – Nordische Eiche
Einbaum – Barke – Wikingerschiff
Im Ausguck: Abenteuerland in Sicht
Wipfel des Waldes branden und brechen
Das Kielholen bringt mich zu den Wurzeln zurück
Oder sind wir Galeere, mit den Wurzeln als Ruder?
Wir sind die Früchte der Baumhausbootromantik
Kastanienkanonenkugeln. Flaschengrünpost

Ian Galahad

Gigas

Ich bin groß, größer als du jemals sein wirst.
Mein Haupt reicht bis in den Himmel,
die Luft streicht mir durchs Haar.
Meine Beine strecke ich tief hinab,
in die dunkle Welt, die niemand sehen kann.
Ich kann nicht mit den Zehen wackeln,
doch habe ich einen festen Stand,
solider als alles was du kennst.

Meine Haut ist rau und hart, nichts dringt hindurch,
aber so viel dringt nach außen.
Wenn du mich schneidest, blute ich,
aber du brauchst ein sehr großes Messer.
Mein Fleisch ist fest und ungenießbar,
dennoch nähre ich alles, und alles ernährt mich.
Ich habe keine Stimme, aber,
ich schreie so laut ich kann.

Ich bin Mutter und Vater, Tochter und Kind,
Vorfahr und Erbe, Abkömmling und Urahn.
Bin allen ganz gleich, und doch jedem so wichtig,
ich atme tief ein, und noch tiefer aus.
König aller Könige, Staubkorn inmitten von Asche.
Ich bin älter als die Zeit, aber jünger als die Welt.
Und ich werde hier warten und bleiben,
wenn du schon lange fort bist.

Eva Beylich
OLIVENBÄUME

Jetzt werden die Jahre
in Olivenbäumen gezählt
wo selbst die Schatten
farbig sich bewegen
Äste blau verwolken
lösen auch wir uns auf
ob mit oder ohne
letzte Ölung

Claudia Dvoracek-Iby

VON BEGINN AN

Beständiger Halt in dir
Für dich, Kind,
Noch reine Selbstverständlichkeit
Dein starker Kern, dein unsichtbarer,
Ist dir Ausgangs- und
Ist dir Mittelpunkt

Von Beginn an
Birgt der Kern
Den Baum in sich
Der dich verlässlich trägt und
Der dich wiegt in Zuversicht

Wurzelnd im Urvertrauen
Stark und zart zugleich
Jeder Ast, jedes Blatt, jede Knospe einzig
Nach Wachstum
Nach Entwicklung strebend

Unabhängig von dir
Deinem Fühlen und Denken und Tun:
Dein innerer Baum
Trägt weiße Blüten
Jahr für Jahr
Trägt bittersüße Früchte
Die nach Geboren-Werden
Die nach Leben und
Die nach Sterben schmecken

Christiane Schwarze

FRIEDWALD

Abschied –
geborgen in Wurzelarmen.

Kein steinernes Denkmal.
Nur meine Gedichtzeile
auf kleinem Messingtäfelchen.

Erinnerung –
wächst lindgrün dem Himmel entgegen.

Susanne Schramm
MORAVA (MARCH)

Babi, pozri, die Eschen taumeln im Wind und ihre Hände fahren durch dein Haar, als würden sie Halt suchen. Auf der anderen Seite stehen die Schwalben über dem Damm.

Du sagst, das Wasser ist klar, *voda je čistá*, wir zählen die Steine am Grund. Wo die Weiden auf den Fluss treffen, treiben die Blätter im Strom, ihr Schatten bricht das Licht auf den Kieseln.

Du sagst, die Brücke ist weit, und dein Ufer und mein Ufer, die schweigen sich an, nur die Äste sprechen miteinander unter dem Gewicht ihres Laubes. Ein Fisch drängt herauf. Du fasst mich am Arm.

Es ist zu kalt, um zu waten.
Es ist zu tief, um zu stehen.
Es ist zu weit, um zu schwimmen.

Drüben blitzen die Silberpappeln im Licht. *Babi, pozri*, der Tag macht den Kummer stumm und das Wasser klar. Und der Fluss geht noch immer denselben Weg, an den immer selben Bäumen entlang –

nur die Menschen trägt er heute nicht mit sich fort.

---

* „Babi, pozri" ist slowakisch für „Oma, schau".
„Morava (March)" ist der Grenzfluss zwischen Österreich und der Slowakei und war Teil des Eisernen Vorhangs.

G. Schrieben

ERNTEDANK

Fest steht der Baum meines Lebens,
beschrieben manches Blatt
und prachtvolle Gedankenblüten lenzen
gründoldig in ihrer Windschaukel.
In den Schoß der Zeit fallen
tausend Worte, mitunter Taten, sonnengereift.

In diesem Herbst räume ich Kompott in den Vorratsschrank.

Lieselotte Degenhardt

ALTE EICHE

Wo Jahrhunderte verweilen
in knorrigen Zweigen,
hütest du die Ordnung der Heiligen.
Kennst meine erste Liebe,
geritzt in deine Haut,
Lottes Abendgebet, dir anvertraut.

Ariel streift durch deine Räume,
schlägt Purzelbäume,
und als Geschenk,
im dritten Baumgelenk,
ein Zimmer frei
für meine Träume.

Wandelst den Lärm der Zeit
in den Klang der Stille.
Der Rest, der mir noch bleibt,
schleicht sich davon.
Erzählst gefilterte Geschichten
in sanftem Ton.

Über dir Vogelgesang und Kumulus,
bei deinen Wurzeln,
zwischen Anemonen und Humus,
auf moosigem Lager
neben duftendem Heu,
dichtet ein Maler das Leben neu.

Jan D. Stechpalm

Erneuerung der Natur

Krank und matt fällt der alte Baum.
Um seinen Stumpf schon Neue sprießen.
Diese spüren die Erschütterung kaum,
während sie neugierig aufwärts schießen.

Bald ragen auch sie an des Waldes Dach,
wo frei im Wind sich Wipfel wiegen.
Da schmerzt es kaum, dass Ältere schwach
und mehr und mehr im Sterben liegen.

Von unten drängen Jüngere hoch,
ein Blitz fällt den Besten,
die Säge den Stärksten noch.
Schon ahnen sie Abschied in den Ästen.

Die Wenigen freuen sich, die weiter stehen,
die schon im Schutz der Sprösslinge schwanken.
Sie wittern nun, wie die Zeiten vergehen.
Wie kurz sie doch nur vom Leben tranken.

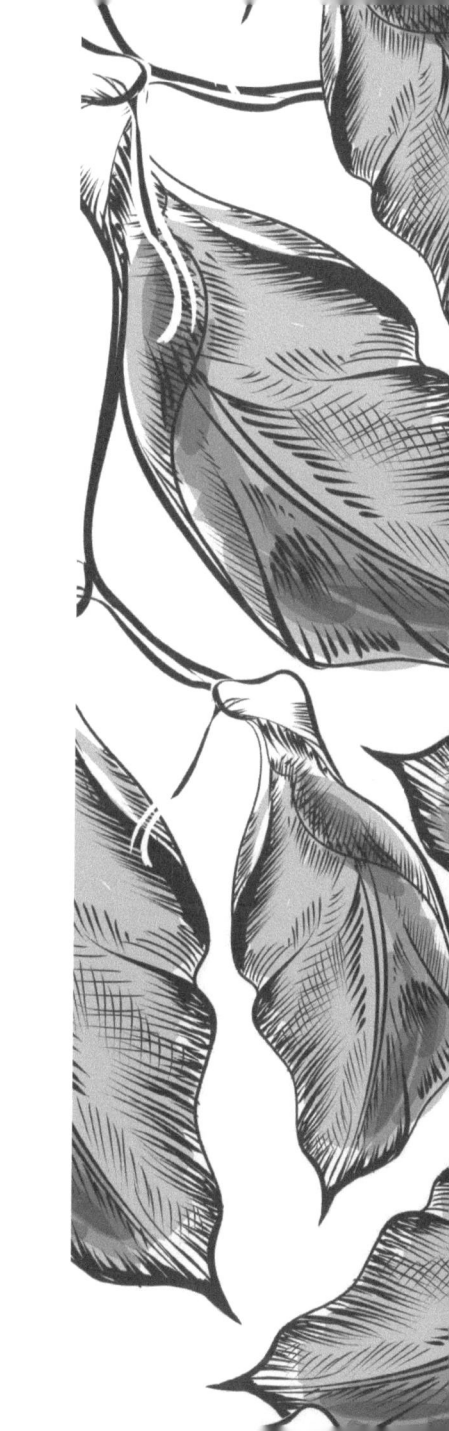

ÜBER DIE HERAUSGEBERINNEN

Stephanie Mattner

Die Wahlberlinerin studierte Germanistik mit Schwerpunkt auf das Editionswesen. Derzeit arbeitet sie für einen etablierten Selfpublishing Dienstleister. Als Mitglied bei der „Kreuzberger Literaturwerkstatt" und bei den „Poeten vom Müggelsee", bringt sie sich aktiv am Literaturgeschehen ein, was sie mit ihrem Herzensprojekt „SternenBlick" fortführt. Mit „Wortgeworden" erschien 2017 im Diotima Verlag ihr erster Gedichtband. Weitere Gedichte sind in verschiedenen Anthologien veröffentlicht.

www.stephanie-mattner.de

Heike Puls

Die in Lutherstadt Wittenberg aufgewachsen Autorin, lebt seit 2006 in Berlin. Viele Jahre in beruflicher Selbstständigkeit als Werbegestalterin prägten ihren Sinn für die Welt der Bild- und Textgestaltung. Sie ist ausgebildete Seminarleiterin für Kreatives Schreiben und aktives Mitglied bei den Logbuch-Autoren. Sie schreibt und liest Kurzprosa, lyrische und experimentelle Texte. Ihr Buchprojekt „Puls-Frequenz" erschien im März 2017.

www.promediendesign.de

Über den Verein

SternenBlick e.V. ist ein gemeinnütziger Verein zur Förderung zeitgenössischer Poesie. Seit Mitte 2013 werden jedes Jahr themengebundene Anthologien, Monografien und zwei Heftreihen herausgegeben, die die dichterische Vielfalt abbilden und bewahren. Ergänzend bieten wir unterschiedliche Leseformate, Workshops und Veranstaltungen im Großraum Berlin an.

Alle Veröffentlichungen, aktuelle Ausschreibungen und Termine sind der Homepage zu entnehmen:

www.sternenblick.org

INHALTSVERZEICHNIS

Kapitel 1 – Jahreszeiten

Kapitel 2 – Wandlungen

Kapitel 3 – Baum und Mensch

Kapitel 4 – Jahresringe